L'HISTOIRE

DES

VASES DE BERNAY,

A PROPOS DE CE QUI SE PASSE

A LA BIBLIOTHÈQUE ROYALE.

PARIS.

IMPRIMERIE DE E.-J. BAILLY,

PLACE SORBONNE, 2.

1847

L'HISTOIRE

DES

VASES DE BERNAY,

A PROPOS DE CE QUI SE PASSE

A LA BIBLIOTHÈQUE ROYALE.

Depuis quelque temps, les journaux, les Chambres et le public s'occupent beaucoup de ce qui se passe à la Bibliothèque Royale. Un conflit très grave s'est élevé entre MM. les conservateurs et M. Naudet, qui est en même temps directeur de l'établissement et l'un des conservateurs du département des imprimés. Nous allons résumer en quelques mots toute la discussion.

En 1838, la Chambre des Députés, informée de l'embarras causé dans le service de la Bibliothèque par l'absence de catalogues réguliers, vota un crédit de 1,264,000 fr. pour combler les lacunes de l'arriéré et pour en rédiger et publier les catalogues. MM. les conservateurs, consultés sur les besoins de leurs départements respectifs, demandèrent huit années de répit pour donner satisfaction aux Chambres, et s'engagèrent à présenter, en 1845, la preuve que l'arriéré dont on se plaignait était comblé et que les catalogues étaient entièrement achevés. Le crédit fut en conséquence réparti sur huit années, de 1839 à 1847, et de la façon qui suit :

Le département des estampes et des cartes géographiques obtint................	122,000
Le département des médailles et antiques..	197,000
Le département des manuscrits..........	100,000
Le département des imprimés...........	845,000
Somme égale..........	1,264,000

Il fut en outre arrêté qu'une fois le temps écoulé et le crédit épuisé, on informerait les Chambres de l'emploi des sommes accordées et de l'exécution des conditions acceptées.

Les huit années sont révolues, M. le ministre a invité M. le directeur de la Bibliothèque Royale à lui rendre compte des travaux accomplis, et c'est en réponse à cette injonction que M. Naudet a publié son rapport du 4 mars dernier.

Ce qui résulte le plus clairement de ce rapport, que le public a pu lire dans le *Moniteur*, dans la *Presse* et dans les *Débats*, c'est que si les fonds alloués ont été intégralement absorbés, les obligations imposées par les Chambres n'ont point été religieusement remplies.

Il y a surtout une chose patente : les catalogues ne sont point terminés, et bien des gens disent qu'ils ne sont pas même commencés.

M. Naudet, qui, nous l'avons dit, est en même temps et directeur de la Bibliothèque et conservateur des imprimés, a donné diverses raisons pour faire agréer les travaux préparatoires du catalogue des imprimés et pour démontrer que, humainement parlant, ces travaux ne pou-

vaient être ni mieux conçus ni plus avancés. Toutes les
autres opérations du ressort de M. Naudet–conservateur,
et relatives à l'emploi de 845,000 fr. alloués à son seul
département, se trouvent, dans le rapport du 4 mars, lon-
guement déduites et présentées sous les plus favorables
couleurs.

Quant à ce qu'ont fait ses collègues, M. Naudet–directeur déclare « qu'il n'a aucun pouvoir de contrôle sur les
« travaux intérieurs des autres départements, et que, *re-*
« *tenu en dehors par le droit exclusif des conservateurs*
« *sur leurs gouvernements respectifs*, il ne saurait encou-
« rir l'imputation de ce qui s'y fait ou ne s'y fait pas. »

La phrase contient plus d'ambiguité dans les termes que
dans la pensée, ce nous semble.

Que révèle de la part de M. Naudet ce refus de s'expli-
quer sur les travaux de ses collègues ? L'absence d'une véritable collaboration, une flagrante anarchie dans les départements qui résistent à l'influence de M. Naudet, ou
tout simplement une profonde antipathie entre M. le directeur et MM. les conservateurs? — Mais le moindre de
ces inconvénients, on en conviendra, accuse étrangement
le système qui régit en ce moment la Bibliothèque !

Il n'était pas permis de supposer que ce rapport, desti-
né à passer sous les yeux des Chambres, resterait sans
écho, sans réponse. Les journaux s'en emparèrent pour
attaquer l'administration de la Bibliothèque et pour frap-
per de réprobation MM. les conservateurs, *rois fainéants
qui se croient inviolables*. MM. les conservateurs dénoncés
par M. Naudet, foudroyés par le *National,* la *Presse,* les
Débats, e tutti quanti, prirent la plume. Alors commença
ce que l'on a appelé la *guerre des brochures.* Les travaux
exécutés au cabinet des estampes, au cabinet des manus-

crits, au cabinet des médailles, travaux dont avait bien voulu ne pas parler M. Naudet, furent énoncés, mis en lumière. Tout en protestant contre les insinuations hostiles à chacun d'eux du rapport du 4 mars, MM. les conservateurs furent unanimes pour affirmer qu'ils avaient remis entre les mains de M. le directeur toutes les pièces capables d'édifier M. le ministre sur l'ensemble des travaux de la Bibliothèque. Il était évident qu'en refusant de faire usage de ces documents, M. le directeur avait voulu donner la mesure de ses sentiments pour ses collègues et de l'estime qu'il faisait de leurs travaux.

Si M. Naudet—directeur prisait si peu la besogne des conservateurs, ceux-ci, vraisemblablement, ne professaient pas une grande admiration pour celle de M. Naudet-conservateur, si prolixement glorifiée dans le rapport du 4 mars. L'un d'entre eux, M. Paris, se chargea de démontrer que le *vrai* catalogue des livres imprimés, dont M. Naudet avait la charge exclusive, était non—seulement loin d'être achevé, mais loin même d'être commencé.—Et il le démontra, à dire d'experts.

Ces réponses, ces récriminations, écrites dans un cas de légitime défense, portaient l'empreinte d'un amer ressentiment. Blessé au vif et peut-être, comme on dit, au défaut de la cuirasse, M. Naudet répliqua; et cette fois, brandissant l'épée de Damoclès, il se plut à la laisser menaçante et suspendue sur la tête de quelques-uns de MM. les conservateurs! En d'autres termes, servi dans son ressentiment par des rivalités envieuses et très—peu dissimulées, il alla jusqu'à faire allusion à des faits d'une telle gravité que la Chambre et les journaux s'en émurent à l'envi.

Nous ne chercherons pas à démêler si l'ardeur du *Na-*

tional et du *Courrier français* à poursuivre de leur implacable hostilité les conservateurs de la Bibliothèque est bien le résultat d'une conviction arrêtée et d'un besoin de justice distributive, ou si ces journaux ne sont pas, à leur insu, les instruments aveugles de haines littéraires, d'ambitions obscures et de passions mauvaises. Ce qu'il y a de certain, c'est que, par suite de leurs articles, des hommes jusqu'alors entourés de la considération qui suit le vrai savoir et de longs services, se trouvent aujourd'hui sous le coup d'accusations ignobles, que le public, témoin de la démoralisation sociale de notre époque, n'est que trop disposé à accueillir, à croire fondées.

Deux faits d'une grande gravité et en faveur desquels, s'ils étaient avérés, on ne pourrait invoquer la prescription, ont été nettement articulés : l'un se rattache à une vente de certains parchemins, — l'autre à l'acquisition de certains vases antiques.

Nous connaissons peu ce qui se rattache au premier de ces faits. Nous croyons savoir que vers 1829 un de messieurs les conservateurs, usant d'un droit qu'il pensait sans doute incontesté, vendit comme non-valeurs une certaine quantité de vieux parchemins réputés inutiles ; que cette opération, faite aux yeux de tous, fut dénoncée comme irrégulière et blâmée par l'autorité; qu'on jugea convenable d'en arrêter la continuation, et qu'afin de vérifier ce qui restait encore de ces parchemins, les scellés furent apposés sur l'entrée de deux salles, dans les combles de la Bibliothèque; qu'une enquête eut lieu, et que, sur le rapport de M. Cuvier et de M. Prunelle, membres de la commission chargée de l'enquête, les scellés furent levés, le conservateur disculpé et maintenu dans ses fonctions.

Cela se passait, il ne faut pas l'oublier, dans les premiers jours de la révolution de 1830,— quand on pouvait aisément réformer toutes les parties du service public. Or, la décision prise en de pareilles circonstances nous paraît une présomption suffisante qu'aucun tort réel n'avait été causé au domaine national.

Nous trompons-nous? en est-il autrement? y eut-il une véritable enquête? a-t-on des preuves qu'elle fût compromettante pour l'auteur des aliénations? Qu'on le dise! qu'on produise ces preuves! Il faut avoir le courage de la position qu'on prend et se poser franchement quand on se fait accusateur; sinon, que signifient de vagues allégations et de pareils retours sur un fait qui remonte à plus de seize années et qui se rapporte à un état de choses modifié par deux nouveaux réglements?

L'affaire des vases antiques est plus notoire; il y a des pièces au procès : c'est une véritable histoire ; nous en allons exposer les principales circonstances.

Au mois d'avril 1830, on apprit que l'on venait de découvrir à Bernay, département de l'Eure, une grande quantité de vases et objets antiques d'argent. M. Raoul-Rochette conçut l'idée d'une acquisition pour le cabinet des médailles ; il fit part de son projet à ses collègues, qui l'approuvèrent. Mais le conservatoire de la Bibliothèque n'avait pas alors de fonds disponibles. M. Rochette n'en arrêta pas moins son voyage, sauf à se charger de trouver les fonds si l'affaire se présentait effectivement sous un jour avantageux pour la Bibliothèque.

Le 2 mai suivant, M. Rochette, conservateur du cabinet des antiques de la Bibliothèque du Roi, et M. Rollin, marchand de médailles du Palais-Royal, qui avait été pareillement informé de la découverte, se présentaient simultanément chez M. Liston, huissier à Bernay, dépositaire des

objets trouvés. Ces deux messieurs examinent les antiqui-
tés qu'on leur met sous les yeux et n'hésitent point à les
reconnaître d'un haut prix, d'une grande curiosité. De
prime abord, M. Rochette, qui sans doute avait besoin d'é-
loigner la concurrence redoutable de M. Rollin, en offre
quinze mille francs, somme équivalant à trois fois la va-
leur intrinsèque.

L'offre de M. Rochette est acceptée, et sous la dictée de
M. le sous-préfet et de M. Auguste Le Prévost, député de
l'arrondissement, il est écrit que *M. Rochette achète pour
la Bibliothèque du Roi, au prix de 15,000 francs, la collection entière des vases et antiques d'argent de Bernay.*
Il est stipulé en même temps, mais de vive voix seulement,
que M. Rochette paiera en outre une somme de quinze
cents francs à M. Liston, pour les bons soins qu'il a
pris.

Une gratification est en outre accordée aux pauvres du
pays, qui, jointe aux frais de voyage, porte le prix de l'acquisition à la somme totale de 17,000 fr.

Voilà les articles du traité de Bernay : ils sont clairs,
nets, précis. Ils n'offrent rien à l'équivoque, à l'interpré-
tation, et sont encore, à Bernay, de notoriété publique.
Comment d'une affaire si simple est-il sorti, au dire de
certaines gens et de certains journaux, matière à une accusation capitale ?

Il faut voir ce qui se passa avant et depuis la mise en
possession de la Bibliothèque Royale des vases objets de
la précédente acquisition.

En attendant que l'affaire du 2 mai fût acceptée du Conservatoire et ratifiée par le ministre, M. Raoul-Rochette,
qui a son domicile à la Bibliothèque Royale, recueillit et
fit voir chez lui aux artistes, aux antiquaires, à tous les

curieux, la collection des vases de Bernay, achetés pour la Bibliothèque. Chacun fut libre d'admirer et d'apprécier l'importance des objets.

Mais voici où les faits changent de face et apparaissent sous un jour imprévu, du moins pour les habitants de Bernay, qui ne connaissent que le traité du 2 mai.

M. Rollin, marchand de médailles et fournisseur habituel de la Bibliothèque, se présente au Conservatoire comme acquéreur de compte à demi : il dit avoir avancé les fonds versés à M. Liston et tenir de M. Rochette la promesse d'une participation dans l'affaire. En conséquence, M. Rollin réclame, outre le remboursement de ses avances, partie des vases acquis par M. Rochette, si mieux n'aime le Conservatoire le dédommager en argent de la perte que lui ferait éprouver le refus de partage.

Que dit M. Rochette au Conservatoire des prétentions de M. Rollin? M. Rochette déclare que pour éviter d'avoir M. Rollin pour concurrent, il lui a en effet promis de lui faire céder par l'administration de la Bibliothèque les *objets doubles* qui pourraient se trouver dans la collection d'après une estimation équitable; qu'une fois ce point arrêté, ne se voyant que dix mille francs entre les mains quand il en fallait dix-sept, il a prié M. Rollin de faire les avances du surplus, — dont la Bibliothèque lui tiendrait compte avec les intérêts légaux.—Qu'à ces avances volontaires il faut ajouter les dix mille francs que M. Rochette avait pris dans sa propre caisse et que lui a remboursés pareillement M. Rollin. Qu'en conséquence, bien que M. Rochette soit seul en nom sur le traité de Bernay, ce n'en est pas moins M. Rollin qui a versé les fonds et qui seul est créancier de la Bibliothèque d'une somme de dix-sept mille francs.

En rigoureuse comptabilité, l'affaire n'était pas régulièrement faite. Mais ceux qui savent que la Bibliothèque Royale n'a point de caisse proprement dite, et que, pour s'effectuer, toute acquisition, résolue en conservatoire, doit être approuvée, puis, avant solde, ordonnancée par le ministre, comprendront qu'en raison des lenteurs que de pareilles formalités entraînent, il n'y aurait aucune acquisition *d'occasion* possible ; et que, dans l'espèce, en se tenant à la lettre du réglement, la collection des vases de Bernay échappait à la Bibliothèque Royale.

Le Conservatoire, qui n'a pas la moindre raison de mettre en doute la franchise de M. Rochette, la loyauté de M. Rollin, accepte le marché avec toutes ses clauses et remet à quelques jours à s'occuper du choix des objets qui resteront définitivement à la Bibliothèque et de l'estimation de ceux qui seront cédés à M. Rollin.

Cependant, les curieux, les archéologues qui se pressent autour des vases de Bernay, se récrient sur le rare mérite de cette collection et rendent sensible l'inconvénient d'en distraire *à titre de doubles* des objets qui font simplement *pendant.* — Le Conservatoire, décidé à conserver la totalité, propose une transaction à M. Rollin, et, le 19 mai, quinze jours après le marché de Bernay, M. Rollin, y compris les 17,000 fr. qui lui sont dus et les intérêts de cette somme, que l'on reconnaît ne pouvoir payer qu'en quatre ou cinq ans, porte à *trente mille francs* le chiffre de ses prétentions.

Le Conservatoire, après avoir offert 25,000 francs, finit par admettre la prétention de M. Rollin, qui est définitivement colloqué comme créancier de la Bibliothèque pour une somme de trente mille francs. — Il ne s'agit plus que de faire agréer l'acquisition à M. le ministre.

C'est ici que commence l'orage. Le public, tout en admirant la beauté des vases de Bernay, est informé du prix que les a payés ou que doit les payer la Bibliothèque. Une plume officieuse écrit à Bernay, et bientôt les *amis* de M. Rochette savent que les vases en question, achetés suivant le traité *écrit* quinze mille francs, sont revendus trente mille au cabinet des antiques !

Les faits dénoncés dans ces termes à M. le ministre arrivent à la connaissance de la Chambre, qui, *dit-on*, ordonne une enquête. La commission des bibliothèques, présidée par M. Cuvier, est consultée, et (dit-on encore) M. Prunelle, organe de la commission de la Chambre, fait son rapport, puis, à ce propos, s'exprime hautement et en termes très-significatifs contre les auteurs du marché de Bernay.

Y a-t-il eu enquête et rapport de M. Prunelle? M. Prunelle a-t-il proféré les paroles que M. Lherbette a rappelées dernièrement à la tribune? Voilà ce dont aujourd'hui le public a encore le droit de s'enquérir et de s'inquiéter!

Quoi qu'il en soit, dans le temps même où les curieux, informés des termes textuels du marché du 2 mai, glosaient à l'envi sur les conditions acceptées par le Conservatoire, a lieu le trop célèbre vol du cabinet des médailles. On en sait les circonstances. Des malfaiteurs, parvenus à s'introduire, la nuit, dans la salle des antiques, brisent les médaillers et enlèvent un grand nombre de raretés.— Les objets retrouvés au fond de la Seine ne diminuent que faiblement l'amertume des regrets du monde savant.

Ce fatal incident, qu'on impute en partie au défaut de surveillance des conservateurs, réveille dans un certain monde, contre l'auteur du marché de Bernay, les plus fâcheuses préventions. Une nouvelle enquête a lieu : elle est, cette fois, provoquée par M. Rochette lui-même, et commise à trois conseillers d'Etat, assistés de deux maîtres des requêtes. Cette commission reçoit les déclarations de toutes les personnes intéressées, interroge un à un tous les membres du Conservatoire de la Bibliothèque, entend MM. Rochette et Rollin; toutes les pièces de l'affaire et les procès-verbaux du Conservatoire sont mis à sa disposition, et bientôt elle est à même de rendre compte au ministre de ses investigations.

Quel a été le résultat de cette enquête? — Nous ne le savons pas. — M. Cuvier, membre de cette commission, MM. Van-Praet, Abel Rémusat, membres du Conservaoire, sont morts; mais d'autres survivent : MM. Vitet, Hély-d'Oissel, Prunelle, Auguste Le Prévost, en connaissent tous les mystères. MM. Haze et Jomard survivent au Conservatoire de cette époque, qu'on les consulte! A défaut de l'enquête, qu'on dit *soustraite,* ils parleront.

Ce qui paraît certain, c'est que, nous l'avons dit plus haut, comme l'affaire, au point de vue administratif, n'était point régulière, les prétentions de M. Rollin, bien qu'appuyées du Conservatoire, furent rejetées ; car M. Guizot, alors ministre de l'instruction publique, par sa lettre du 14 mai 1833, annonçait au Conservatoire « qu'il « approuvait l'acquisition des vases de Bernay au prix de « 17,000 fr., et qu'il autorisait le paiement jusqu'à la « concurrence de cette somme. »

Cette lettre ne jetait de blâme sur personne, ni sur le marché, ni sur ceux qui l'avaient contracté. Partant, M. Rochette crut pouvoir insister près du Conservatoire pour que la somme réclamée par M. Rollin lui fût payée, et M. le directeur de la Bibliothèque écrivit dans ce sens à

M. le ministre, qui, par sa lettre du mois de juin, répondit, sans autre commentaire, *que les réglements administratifs le plaçaient dans l'impossibilité de payer à M. Rollin les intérêts de la somme qu'il avait avancée pour l'acquisition des monuments de Bernay.*

Ainsi, la voilà dans toute son étendue, dans toute sa gravité, cette terrible histoire des vases de Bernay. Le public, aux oreilles de qui, depuis quinze années, l'on corne les *infamies du traité de Bernay,* s'imaginait à coup sûr autre chose. Peut-être sera-t-il un peu surpris d'apprendre qu'en admettant les hypothèses les plus malveillantes, il s'agissait pour l'auteur du marché d'entrer avec M. Rollin en partage d'une misérable somme de six à sept mille francs ! Car il ne faut pas perdre de vue que si les trente mille francs eussent été payés, M. Rollin eût commencé par en prélever dix-sept mille, et leurs intérêts pendant quatre ans.

M. Rochette est resté silencieux sous le coup des plus odieuses insinuations, fréquemment reproduites durant l'espace de huit années. En 1838, des haines littéraires suscitèrent contre lui un redoublement de malveillance. Un libelle anonyme parut, qui *naturellement* rappelait l'affaire du vase de Bernay, vase que sans doute le courageux auteur croyait seul de son espèce, et qu'il se promettait de rendre fameux, à l'égal de celui de Soissons ! Nous ne savons ce qu'il en fut, sinon que cédant aux sollicitations de ses amis, de sa famille, M. Rochette crut alors devoir publier *l'Exposé succinct de l'acquisition des vases de Bernay,* petite notice in-8°, dont Techener vient de remettre au jour quelques exemplaires, et dans laquelle nous avons puisé, nous l'avouons, les principaux détails de cette affaire.

Maintenant, qu'ajouter ? Qu'il est triste de voir à quelles extrémités les rivalités littéraires poussent chez nous les esprits les plus distingués ! Un homme illustre par son savoir et ses écrits, dont les travaux honorent la France et que nous envie la docte Allemagne, qui depuis trente années gère le premier établissement scientifique du monde, dont la voix a retenti dans les chaires les plus élevées, qui est membre de l'Académie des Inscriptions, secrétaire perpétuel de l'Académie des Beaux-Arts—et l'oracle du monde savant ; cet homme, l'une des gloires du pays, le voilà bientôt depuis vingt années sous le coup d'une infâme et stupide accusation qu'il a vingt fois noblement réfutée, et que néanmoins la haine s'obstine à lui jeter à la face.

> Et là-dessus on voit Oronte qui murmure
> Et tâche méchamment d'appuyer l'imposture,
> Lui qui d'un honnête homme à la cour tient le rang ! !

Et la presse d'accueillir ces exhalaisons de l'envie ! — Eh bien ! cette fois du moins, tant mieux ! Les journaux qui se disent les vengeurs de la morale publique ne permettront plus qu'une ignominieuse action qui leur est dénoncée reste sans répression. Les voilà sur la voie du crime ; la lumière ne peut tarder ; il est temps qu'on en finisse avec l'auteur ou *les inventeurs* du crime de Bernay.

L. P.,
ancien bibliothécaire.